NOVVEAVX ADVIS
DV GRAND
ROYAVME DE LA
CHINE,

Escrits par le P. Nicolas Lombard de la Compagnie de Iesvs.

Au T. R. P. Clavde Aqvaviva *General de la mesme Compagnie;*

Et traduits en François par le P. Iean de Bordes Bourdelois de la mesme Societé.

A Monseigneur de Villars *Euesque, & Comte d'Agen.*

O.#1668.

A PARIS,

Chez Rolin Thierry, & Eustache Fovcavlt, ruë S. Iaques, à la Coquille.

1602.

Iouxte la coppie imprimée à Agen.

A MONSEIGNEVR LE REVE-
RENDISSIME P. EN DIEV, MESSIRE
NICOLAS DE VILLARS Euesque,
& Comte d'Agen.

ONSEIGNEVR, *les braues con-
queſtes de diuers peuples, & Prouinces
faictes par les Rois, Conſuls, & Empe-
reurs Romains recreent tellement ceux
qui les liſent, que ie ne ſçay bonnement,
ſi ſans elles Tite Liue, Appian, Polybe,*
Dion, *& leurs compagnons en l'hiſtoire, viuroient maintenant parmy les mortels, ou ſeroient morts giſans ſoubs
la pouldre d'vn oublieux ſilence. Car quelle pointe, quelle
grace, ou quelle amorce auroient leurs eſcrits, ſi on leur
retranchoit ces beaux, ces riches, & attrayans narreʒ,
comme Romule conquiſt les Sabins, Scipion le Grand ceux
de Chartage, vn autre les Eſpagnes, Cæſar nos Gaules, &
ſemblables? Cecy toutesfois, ſi ie cognois bien voſtre meur
iugement, n'eſt rien, ou fort peu pres de vous, à l'eſgard
des diſcours Chreſtiens, qui repreſentent fidelement, quoy
qu'auec moins de couleurs, comme vne telle nation & tel
Royaume ſ'eſt rangé volontiers ſous le ioug de la foy Chreſtienne, & a ſoubmis ſon chef orgueilleux au Sceptre diuin
du Redempteur, le ſeul vray Monarque du monde. Ainſi
apres les actes des Apoſtres hiſtorieʒ par ſainct Luc,*

Abdias le Babylonien nous rauit d'aise, quand il nous
despeint les douze Colonels de l'Eglise du Dieu des armées
conquerants ores l'Asie, ores l'Afrique, ores l'Europe,
& en fin la terre habitable, ou leur son diuin, & paroles
celestes (si l'oracle royal ne ment point) deuoit s'espandre
& retenir. Certes quand ie lis dans Theodoret, comme
vne simple femmelete, vne pauure vieille, vne chetifue
esclaue instruit, renouuelle, & affranchit en la liberté
des enfans de Dieu les Iberiens & peuples voisins de la
mer Majour, ie me sens tout espris de ioye, & d'admira-
tion singuliere. Et pour venir bien tost à nous, le mesme
plaisir resentent ceux qui trouuent dans l'histoire des Indes de nostre P. Ioseph Acosta, comment vn soldat Espa-
gnol, Chrestien voirement de bonne foy, mais de mauuai-
se vie, conuertit à N. S. toute la grande, & ample con-
trée du Peru, qui se nomma depuis saincte Croix de la
Serre. Or i'espere bien aussi, que tous ceux, qui prendront
en main ce discours, autant certain & vray, que succinct
& sans fard, prendront ensemble du contentement ex-
traordinaire en leur ame, y voyant la non-ordinaire façon, qu'il a pleu finalement au S. Esprit descouurir aux
Peres de nostre Compagnie pour ouurir au Christianisme
l'entrée de la Chine, & à la Chine les portes du Ciel. Car
c'est vne nation ancienne, riche, noble, populeuse, ciuile,
honeste, sage, industrieuse, qu'on verra icy commencer peu
à peu à s'apriuoiser auec nos Peres, & familiariser à nostre foy : & ce soubs le manteau, & par l'entremise des
lettres, qui comme ses fidelles seruantes appellent, ainsi
que dit le Sage, & menent ce monde à ce hault fort, &
cité de l'Eglise, qui ne peut iamais estre absconsée, ains
qui marque si bien tousiours sur son grand roc. Que si
quelqu'vn y prend plaisir (& qui ne l'y prendra s'il est

chreſtien?) Ie deſire & le prie, qu'il vous en ſçache
gré, MONSEIGNEVR, à qui ie deſdie ces primices
de mon petit eſtude negocieux, & oiſir affairé, ſemées &
cueillies comme en courant dans le champ de ceſtuy voſtre
College. Ie les vous auois deſtinées il y a ſix mois en eſtre-
nes, & depuis pour accompagner voſtre voyage ie deſei-
gnois vous les offrir ce May dernier : mais l'incommodité
de l'impreſſion, autant que mes occupations, a trauerſé
mes deſſeins, & retardé mon deuoir. Vous ne lairrez
pourtant, s'il vous plaiſt, de les accueillir d'vn œil gay,
d'vn viſage ſerain, & d'vne main facile, maintenant
qu'elles vont vous trouuer bien loing d'icy ; permettant de
vos graces, que ſoubs voſtre nom elles ſoient receuës par
la France d'autant plus volontiers, que tous ſçauront
l'honneur que vous nous faictes de vos faueurs, comme à
vos chers nourriſſons ; le zele de la conuerſion des ames,
qui vous deuore ; & l'affection que vous portez à la Compagnie noſtre Mere & Maiſtreſſe, qui nous y employe.
Puiſſiez vous ainſi bien toſt reuenir ſain, & heureux à
voſtre ville bien aymée, & que voſtre troupeau chery vous
y baiſe humblement les mains, comme faict & fera touſiours apres mille vœux, pour le comble de vos ſaincts &
beaux ſouhaits,

MONSEIGNEVR,

Voſtre plus humble & obeyſſant fils
& ſeruiteur IEAN DE BORDES.

D'Agen en voſtre College. Ce premier de Iuin.
1602.

A iij

APPROBATION.

I'AY leu ces nouueaux aduis de la Chine &
n'y ay trouué rien qui ne foit d'edification, &
digne d'eftre leu. Faict en Agen, ce 14. Iuin
1602.

SAVLVEVR Docteur en Theologie,
& Chanoine Theologal d'Agen.

PERMISSION.

VEv l'atteftation cy deffus efcrite, permet-
tons à M. Anthoine Pomaret imprimer
ladicte lettre, contenant les fufdicts aduis de la
Chine. Faict en Agen, ce 14. Iuin 1602.

FOMMARTIN Vic. gen.

LETTRE DV PERE NICOLAS
LOMBARD escrite de la Chine, l'an 1598.

A tres-reuerend Pere CLAVDE AQVAVIVA
General de la Compagnie de IESVS.

Tres-Reuerend Pere en IESVS-CHRIST

AV mois d'Octobre dernier passé i'escriuis de Macao à vostre Paternité, luy donnant aduis briefuement de route nostre nauigation, & qu'apres estre arriué-là ie fus destiné par la saincte obeissance à la mission de la Chine, où maintenant ie me retrouue. Ie luy mäderay donc par ceste-cy, tout ce qui s'offre à present de ces quartiers. Mais auant tout ie remercieray infiniement de tout mon cœur & Dieu nostre Seigneur, & vostre Paternité aussi de la singuliere faueur, qu'auec ceste mission i'ay receu sans l'auoir merité. Car elle peut estre parangonnée auec les plus illustres, & signalées, qui iusques à maintenant se soient faictes en ces pays des Indes: pour raison de plusieurs, & fort rares qualitez, que ceste nation à par-dessus tout le reste des Gentils. Plaise à la diuine bonté de tellement me fauorifet de fa tres-faincte grace, que ie refponde à l'obligation, que i'ay de procurer fa cognoiffance, & fa gloire tant en moy-mefme, qu'en tous mes prochains.

Donques en ce Royaume tres-vafte de la Chine nous fommes fept de noftre Compagnie defpartis en deux Refidences, & en vne miffion. A Nãchian Cité de la Prouince de Quianfi refidẽt le Pere Iean Soer, & le Pere Iean de Roche, tous deux Portugais: en Schauffé ville de la Prouince de Canton, nous fommes François Martinez Chinois, & moy. Le Pere Matthieu Ricchi, auec le Pere Lazare Catanée, & Sebaftien Fernandez auffi Chinois font allez tenter l'entreprife de Paquin, comme fur la fin nous dirons. Par la grace de Dieu nous auons tous efté en fort bonne fanté cefte année; & ie puis dire de moy en particulier, qu'auec ceft air, ces eftudes, ce peuple, & chofes femblables, ie m'accommode tellement, & auec tant de facilité, qu'il me femble eftre au milieu d'Italie. Quant à ce qui concerne le Chriftianifme, ie le pourray commodement, ce me femble, reduire à ces trois poincts; fçauoir eft à la creance, que les Chinois ont aux Noftres; à la difpofition de ces pays pour receuoir noftre loy faincte, & aux moyens, & inftruments, qu'vne telle entreprife demande.

Or commençant du premier, la bonne opinion, qu'à prefent ce peuple à des Noftres, eft telle par la grace de Dieu, que ie ne fçay f'il faut qu'elle foit plus grãde pour la fin, que nous pretendons. Car quoy, qu'ils ayent efté tenus en la
Chine

Chine pour hommes de rare vertu, & verſez en
toutes ſciences ; ce neátmoins ceſte bóne eſtime
ſeſt accreuë à preſent auec le nouueau nom,
qu'ils ont prins de trois ans en ça, prenant l'habillement des Lettrez de la Chine, au lieu du
nom & habit de Bonzes, que nous portions auparauant. Car il eſt à ſçauoir que les Bonzes en la
Chine, contre la couſtume de tous autres Payés,
ſont tenus pour la lie du peuple, eſtans obligez
de ſeruir aux Mandarins, auec leſquels ils ne traictent, qu'eſtant à genoulx & quelquefois par
grande faueur leur parlent debout, & eſtans en
pied. Quant au reſte du peuple ils n'en ſont pas
plus eſtimez, pour l'opinion, crois-ie, qu'il a,
que ce ſont hommes peu honneſtes, & du tout
ignorans : & qui font ceſte profeſſion pour ſans
aucun ſoucy gourmander vne certaine penſion
& reuenu, que le Roy leur aſſigne : principalement encore à cauſe que les Chinois ſont la plus
part athées ; & par ce comme ils ne croyẽt point
aux Pagodes, qui ſont les Dieux des Bonzes, ils
ne font auſſi nul eſtat des Bonzes leurs Mini-
ſtres. Maintenant donc noſtre compagnie ſeſtãt
apperceuë, auec l'experience de quinze ans &
plus, que d'aller habillez en Bonzes ce luy eſtoit
vn empeſchement perpetuel à gaigner ce peuple ; apres pluſieurs Oraiſons, & Meſſes appli-
quées à ceſte intention elle ſeſt reſoluë de prendre le nom, & veſtement des Lettrez. Ce qu'elle
a fait, comme i'ay dict auec l'approbation, & in-
formation du P. viſiteur & de tout noz Peres de
Macao, Monſeigneur Dom Loys Cerqueira

B

Euesque du Iappon se trouuant mesme à la consultation. Cest accoustrement des Lettrez de la Chine est fort graue, & hôneste de soy; & pourroit passer par delà pour quelque habit, qui soit, de Religieux de l'Europe. Si taschons-nous encores d'aller le plus simplement, que se peut, tant en l'estoffe, qu'en la couleur, nous conformant tousiours auec nostre institut, autant qu'il nous est possible. Et par ce moyen les Nostres sont demeurez auec auctorité singuliere à l'endroit des Chinois, lesquels se sont fort affectionnez à eux, tant pour la ressemblance de mesme profession, & habillement, que pour pouuoir aussi par ce moyen traicter familierement ensemble auec l'honneur & bien-seance de tous les deux costez; Sçauoir est se visitant mutuellemét, se seeant esgalement, & disputant plus volontiers sans la crainte, qu'ils auoient deuant, de perdre leur reputatiõ & receuoir la doctrine des Bonzes estrágers, comme auparauant on nous nommoit. Ie ne m'amuseray point icy a raconter par le menu les honneurs, & faueurs, que les Chinois font aux Nostres, depuis qu'ils ont prins ceste façon de viure. Il suffira de dire, que nos Peres passent en tout & par tout pour Lettrez, & au nom, & au vestement, & aux visites, & aux presens, & en tous les autres tiltres & façons purement politiques, que les Lettrez Chinois ont en coustume. Et ceste bonne reputation & renom, que la Cõpagnie à maintenant est non seulement à l'endroit des Lettrez: mais encore pres de tous les Mandarins, plus grands & plus petits & auec ceux de la maiſon du Roy, qui ſont à Nanchian, où eſt noſtre autre reſidence. Il n'y a pas eu faute toutefois , comme il aduient principalement parmy les Gentils , de ceux qui ſecrettement & ouuertement s'efforçaſſent d'eſpier, & examiner nos façons de faire, comme nous viuons, quel eſt noſtre eſtude, ſi nous auons des femmes dedans la maiſon ou dehors, & ſemblables choſes. Mais il a pleu à noſtre Seigneur de maintenir & preſeruer la Compagnie, comme vne roſe plantée en ce pays par ſa toute-puiſſance, laquelle tāt plus qu'on la manie & ſerre, tant plus ſouëfue, & viſue odeur elle donne : ainſi ceux-meſmes, qui conuerſoient plus priuément auec les Noſtres, ont touſiours eſpandu vn bon bruit de ſaincte vie, & de doctrine vniuerſelle. Entre ces inſtrumēs, deſquels Dieu s'eſt ſeruy pour faire cognoiſtre la Compagnie, le principal a eſté vn des Lettrez nommé Thaiſo, qui euſt pour Pere vn Mandarin des grands & mieux cogneus de la Chine, tant pour les charges importantes, qu'il y euſt, que pour les liures, qu'il laiſſa apres ſoy par eſcrit. Ceſtuy Thaïſo fut long-temps en ceſte maiſon auec le Pere Matthieu Ricchi oyāt quelques traictez de Mathematique, & en demeura tant ſatisfaict & affectionné, qu'il a eſté par apres, comme vn Trompette & Herault de telles perſonnes, & en particulier du Pere Matthieu Ricchi. Et pource qu'il eſt tres-noble & tres-grand perſonnage parmy les Lettrez : & fils du Mandarin ſuſdit, il traicte fort familierement auec les Tutans, c'eſt à dire, les Vice-Roys des Prouinces,

B ij

& auec les autres plus grãds de la Cour, par tout
où il se trouue, & auec toute sorte de personnes,
disant tant de bien des Nostres, que tous desirent les cognoistre & leur estre amis ; entendans
clairement, que iamais en la Chine ne s'ouyst, ne
fut leu tel genre de doctrine, que maintenant
ces Lettrez Europeans enseignent. Et pour le dire au vray, le sommet de leur estude ne passe pas
la science Romaine du temps de Ciceron : si
sont-ils tous ce pendant tres-bien duits & exercez en vn certain genre de composition, qui respond à nostre Chrie, & tel autre exercice d'hu-
manistes. Leurs liures traictent fort bié des choses morales, & Politiques : Mais quand ils viennent à toucher quelque chose de la Philosophie
naturelle, on peut dire d'eux, ce qu'Aristote de
Melisse *Peccant in materia & forma.* Ces iours passez deuisant auec vn de ces Lettrez nostre amy,
il me congratula de ce, que i'auois finy de lire &
entendre deux liures, l'vn intitulé de *Adultorum
disciplina*, & l'autre *De medio sempiterno* : lesquels
ils tiennent, comme leur Metaphysique, & disent, que pas vn ne les peut bien entendre, que
les Chinois. Mais à le dire au vray, ie n'y trouuay
non plus de difficulté, qu'à lire Ciceron, ou Tite
Liue. Parquoy le Pere Matthieu Ricchi a coustume de respondre à ceste imagination, qu'ils ont,
qu'il deuroient croire tout au rebours ; & qu'il
n'y a aucun, qui entende mieux leurs liures, que
ceux d'Europe. Dõt on peut inferer, auec combien de raison les Chinois doiuent s'esmerueiller quand ils voyent les Nostres disputer, & trai-

ĉter de toutes choſes auec telle promptitude, &
fecondité. Mais à fin qu'on entende mieux, quel
bon office nous faiĉt Thaïſo publiant & authori-
ſant les Noſtres par la Chine, il me ſemble bien
à propos de mettre icy vne lettre d'entre pluſieurs, qu'il a couſtume d'eſcrire au Pere Ricchi.
Elle eſt telle.

Coppie de la lettre de Thaïſo.

THAISO [1] *FRERE PLVS*
ieune, qui [2] *me tiens à coſté pour eſtre enſei-*
gné, frappe la teſte en terre, & fais reueren-
ce au frere plus vieux, le Sieur Pere Mat-
thieu Ricchi, illuſtre Baron & Maiſtre de la
fleur de la grand loy : Et me iette aux pieds de
ſa Chaire.

Epuis noſtre deſpart, apres lequel ſãs m'en
prendre garde 4. ans entiers ſont eſcoulez,
il n'a eſté iour, que ie n'aye eu deuant les yeux la
vertu rare de voſtre reuerence. Or il y a maintenant deux ans, que venant en ces quartiers de
Midy vn Marchant de ma terre appellé Schiauquin, ie luy donnay vne lettre, à fin qu'il ſ'infor-
maſt où eſtoit v. R. & comme elle ſe portoit. Ie
ne ſçay, ſi elle fut ſi fortunée, que de pouuoir
auoir entrée à ſa haute preſence. L'année paſſée
ſur le Printemps ledit Schiauquin ſ'en reuenant

i’apprins, qu’il auoit vne lettre de v. R. pour moy. Mais estant pour lors autre part, ie ne peus aller la receuoir en personne, & ce Marchant s’en retourna à Canton, dont i’ay esté iusques à present suspens & perplex en mon esprit. Or maintenant que ie vay vers la Cité de Hohy, i’ay 3 veu Siquiam, qui estoit logé chez Pecchiam, & m’a dict, que v. R. estoit ia passée pour faire sa demeure à Nanchian, en la ruë, qu’on nomme Quiente Cuon. Ce qu’entendant i’ay eu vn contentement indicible, & le cœur m’en tressaillant de ioye i’ay voulu quant & quant enuoyer visiter & bienueigner v. R. attendu que ce pendât il m’est arriué vne lettre du Pimpu 4 de Nâchin, par laquelle il m’appelloit : & partant il failloit necessairement, que ie m’acheminasse vers luy. Mais pendant l’Automne & l’Hyuer il est necessaire absolumêt, que ie m’encourre pour sçauoir côme v. R. se porte, & pour receuoir sa doctrine parfaicte. Quand ie laissay v. R. ie luy dis, que si elle vouloit voir la splédeur & les grâdeurs de ce nostre Royaume, il luy conuenoit passer vers ces quartiers du Nord. & de plus que mon pays 5 n’auoir rien d’importance, & que la Cour de Nanchin estoit pleine de mille meslanges : Parquoy la Prouince de Quiancy estoit seulement propre pour y faire demeure, comme celle, qui a des Lettrez de rares mœurs, & d’esprits bons, & solides pour la loy. Ie ne sçay si v. R. en ceste siéne eslection, qu’elle a faict, trouue les choses selon ce que lors ie luy dis. Ie n’ay pas peu seulement sçauoir, quand le changement se fit, qui vint auec v. R. & qui eſt ſon protecteur en ce quartier. Ie croy qu'elle ſera là beaucoup mieux, qu'elle n'eſtoit en Schiauché. I'ay maintenãt apprins, qu'il y a par delà vn autre ſeigneur de voſtre noble pays. Ie croy que le frere Sebaſtiẽ Fernandez, & François Martinez ſe portent bien. Combien de Seigneurs auec vous de nouueau pour diſciples ? qui eſt demeuré pour garder la maiſon de Schiauché ? Il y a ſept ans, que paſſant par Nanchiã, & traictãt auec tous ces Seigneurs là, ie vins à diſcourir des rares vertus de v. R. dõt il n'y eut aucun d'eux, qui n'en demeuraſt eſtonné. En meſme temps vn de mes compagnõs appellé Helo, vouloit quitter l'examen de Quiugini, ⁶, & me ſuiure pour venir retrouuer & ſeruir v. R. Mais voyant, que ſa mere eſtoit vieille, ie l'exhortay à finir l'examẽ. De ſorte que la meſme année ayãt paſſé ce degré, il fut fait le quatrieſme gouuerneur de Caucheo ville de la Prouince de Canton. Ceſtuy-cy paſſant par vos quartiers peut auoir veu v. R. Les Iaponnois ſont de preſent à Corai. Partãt les terres maritimes ont eſté aduerties de faire bonne garde : & ie me reſouz encores de me retirer plus au dedans & m'approcher de v. R. en vn meſme lieu, pour apprẽdre la ſciẽce de la Philoſophie, & la vertu de la loy. Ie ne ſçay, ſi ie pourray attaindre à ce mien deſſein. Mõ fils eſt ja de ſix ans, & à vn maiſtre, qui l'enſeigne en ceſte ville de Nãchian. I'ay vn miẽ beau-pere parent du Roy, & ſ'appelle Theci. Son fils eſt mon gendre, & peut auoir treze ans: v. R. les a elle veu, ou non ? L'année paſſée ie rencontray le

Mandarin Hanlin, 7 qui ouyſt l'explication de
v. R. ſur 8 ce qu'il luy propoſa du poinct, ligne,
ſurface, & profondeur. Depuis il ne ceſſe d'en
eſtre eſmerueillé, & de ſe ſoulmettre à elle, diſant
que iuſques à maintenant on ne vit rien de pa-
reil. Le Pinpu va touſiours de plus en plus hono-
rant & donnant credit à v. R. & l'an paſſé il me
voulut enuoyer, comme en poſte pour prendre
v. R. & l'accompagner iuſques à la Cour. Mais
ie n'eſtois pas lors pour m'en retourner en ces
quartiers de Midy. Et partât ceſt affaire ne reuſſit
pas. Qui l'euſt peu penſer, qui ſe l'euſt peu imagi-
ner que v. R. fut ſi pres 9 que Nanchian ? D'autres grands Seigneurs, ſemblables à luy, oyant la
renommée d'icelle deſirét la conuier. Ie ne ſçay,
ſi ſes haults deſſeins permettrôt, qu'elle face vne
courſe vers ſes quartiers, ie la prie humblement,
qu'elle m'en tienne aduerty. Ie n'auois ceſte année, à quoy me pouuoir occuper en mô eſtude;
& par ce recueillant ce que v. R. m'apprint, i'en
fis vn liure, & le mettât au iour le fis voir au college 10 des Lettrez; il n'y eut celuy, qui ne s'en
eſmerueillaſt, & ne ſe ſouſmit à elle, diſant, que v.
R. eſt le Schingin, c'eſt à dire le Sainct de ce téps.
Ce que ie vous y ay adiouſté, aura aſſeurement
quelque faute. Et ie me doute qu'il ne côtrediſe
à ſes hauts concepts. Parquoy i'enuoye vn mien
ſeruiteur qui luy porte la preſente, à fin que v. R.
le liſe, la priât humblement de le voir exactemét,
& le corriger; ſi quelque choſe merite d'eſtre re-
tenuë, qu'elle l'agéce: ſi elle eſt côtraire à la raiſó,
qu'elle la biffe: à ce qui n'eſt pas bié declaré, qu'elle donne

le dône plus de clarté, & le perfectiône, eſcriuât
le tout en vn autre liure à part. Et ie la ſupplie de
me le renuoyer dans peu de iours pàr le meſme
ſeruiteur; pource que ie l'imprimeray quant &
quant, afin qu'il coure & ſ'eſpande, faiſant que
la doctrine de v. R. ſe diuulgue & dilate par tout
les quartiers du monde. Ainſi ceſte amitié d'en-
tre-nous ne ſera vaine.

En ces quartiers on faict grand compte des
liures Hothu, Coſciu, Pequa, Queuſcieu, Thai-
quitu, & autres ſemblables, qui traictent du
point, de la ligne, de la ſuperficie, & de la pro-
fondité. Tous ces Lettrez font le cercle de la ligne; mais ſelon la doctrine de v. R. de la ligne
ſe faict le terme, & l'extremité du cercle; & le
cercle eſt dedans icelle. A raiſon dequoy traittant en ceſte ſorte du Thaiquié, c'eſt à dire de
Dieu, elle deuance, & ſurpaſſe tous nos Lettrez.
Et à la verité elle eſt ſuffiſante pour eſclaircir les
tenebres de mille antiquitez, qui iuſqu'à maintenant n'ont point eſté penetrées. Ie ſuis ſeulement en tres-grand peine de voir, que le plus
haut de mon ſtile eſt trop bas, & inſuffiſant pour
pouuoir illuſtrer & amplifier ſes excellents con-
ceps. Ie la prie humblement de me faire ſçauoir
par le menu ce qu'il y a de bien ou de mal, afin
de le pouuoir ſoudain changer, & rabiller le
tout. Ce pendant ie demeure auec vn extreme
deſir, & dreſſé ſur la poincte des pieds ie me
tiens regardant ſi ie pourray deſcouurir & voir
v. R. de Suche le xxij. de la iiij. Lune, & du regne de Vanlie 12. l'an xxiiij.

C

THAISO PLVS IEVNE FRERE,
frappe vne autre fois de la teste
en terre, &c.

DE ceste lettre de Thaiso on peut descouurir de quel humeur sont les Chinois, & combien ils sont affectionnez & recognoissans à leurs bienfaicteurs. Auec ce ie viens au second poinct, qui est de la disposition de ce peuple à receuoir le sainct Euangile. Ie le traicteray briefuement, en touchât quelques choses plus importantes pour rafraischir la memoire de ce qui fut escrit l'année passée.

Premierement donc il faut sçauoir, que ce Royaume est tres-vny, veu qu'il n'a point de Princes particuliers ny autres Seigneurs, qui ayent des vassaux: mais tous tant grands que petits sont esgalement subiects à vn seul Roy, & Monarque, lequel se tenant tousiours à Paquin gouuerne à baguete tout le Royaume, auec telle communication, & pouruoyant tellement aux negoces plus particuliers de toutes les villes, & villages de la Chine, que si c'estoit vne seule famille, ou vne petite villete. Ce nonobstant il est certain qu'elle est diuisée en treize Prouinces, & en deux cours de Nanquin, & Paquin; & tout le Royaume a telle estenduë qu'il commence au dixneufiesme degré de la ligne equinoctiale, & va iusques au cinquantiesme, vers le Septentriõ.

Desorte que de ceste part il contient en diametre cinq cens cinquante lieuës d'Europe; Et son diametre de l'Orient en l'Occident est presque le mesme, attendu que tout le Royaume s'approche fort de la figure ronde. La multitude des habitans respond à l'estenduë du pays: & sans doute ceste vnion, & communication singuliere des Chinois auec leur Roy seroit de grande consequence pour leur conuersion. Car gaignant vne fois la volonté du Roy, on gaigneroit ensemble celle de tout le Royaume, qui luy est si subject & bien vny.

En second lieu de ceste grand'vnion de ce Royaume, vient qu'il n'y a qu'vne langue vniuerselle en toute la Chine, qu'on nomme des Mandarins : & ceste langue tout le monde l'entend, quoy qu'il ne la sçache pas parler. C'est proprement, comme vous diriez en Italie la langue de la Cour de Rome, qui est entenduë par tout les quartiers d'Italie; combien que chacun aye tousiours chez soy quelque dialecte en sa langue. Ce qui facilite encore beaucoup le cours de la predication Euangelique, puis qu'apprenant vne seule langue on peut s'employer au salut de tant & si grandes prouinces.

Tiercement tout le Royaume de la Chine est fort fertile & plantureux en tout, & autant presque que l'Europe. Les hommes y sont fort industrieux, & consequemment riches pour la plus part. Et par ce le viure encore y est à fort bon marché : de façon que si nostre saincte foy y est receuë on pourra fort aysémét y entretenir plu-

sieurs ouuriers sans importuner les Chrestiens
d'autre part, comme on faict pour le Iapon, où
la pauureté est si grande, que ceux qui y trauail-
lent pour le Christianisme, sont forcez de pour-
chasser de dehors des aumosnes pour viure.
Maintenant mesmes vous trouuerez en la Chine
des Monasteres de Bonzes sans nóbre, lesquels
s'entretiennent tous des rentes du Roy, outre
plusieurs offrandes que les particuliers leur font.
Et ce pendant ils n'ont ny foy, ny esperance en
leurs Pagodes. Que feront-ils donc, quand ils
orront qu'on leur donnera cent pour vn, voire
en ce monde, & par dessus encores la vie eter-
nelle en l'autre ?

Pour vn quatriesme, les Chinois sont bien
faicts & disposts de leurs personnes: Mais encores mieux complexionnez & reglez en leurs façons. Ils ont naturellement vne grande douceur
& benignité : gardent fort la decence en leur
marcher & conuerser: Ne portent aucunes armes, non pas mesme vn cousteau, s'ils ne sont
soldats : Et ceux-cy encores lors tant seulement
qu'ils sont actuellement en garde. Car en autre
temps soit en leurs maisons, soit en chemin, ils
n'ont accoustumé d'aller auec armes. Leur vestement est large & long iusques aux pieds, tant
des hommes que des femmes, & iceluy fort simple, & tousiours d'vne façon, qui s'est conseruée
par plusieurs centaines d'années. Ils vont com-
munement les mains couuertes, enueloppées
dans les manches de leurs robbes; sauf quand
ils les occupent auec l'esuentail que d'ordinaire

tous portent, iusques aux artisans, villageois, &
semblables. C'est merueille qu'il suruienne icy
quelque debat, ou contention de paroles, voire
parmy les gens de basse condition : laquelle encore en fin si elle arriue, se termine soudain auec
quatre coups de poing, ou quatre iniures. En
somme quant à la bien seance exterieure, & ce
qui conuient au dehors, il me semble qu'en plusieurs choses ils ne se laissent vaincre aux Europeans, ny en quelques-vnes aux Religieux mesmes.

En cinquiesme lieu, ie ne croy pas qu'il se lise
és histoires de quelque autre nation, qu'elle se
soit tant adonnée à l'estude des lettres que la
Chinoise. Ce qui aduient de ce que le Roy, du-
quel tous dependent, comme membres du chef,
ne despart point les charges des Prouinces, &
lieux particuliers, sinon conformement au degré que chacun tient és lettres. Parquoy tous in-
differemment se iettent à l'estude pour paruenir
aux dignitez & grades, que la nature corrompuë
affecte tant. Ie diray vne chose qui semblera in-
croyable, & si la voy-ie cependant icy de mes
yeux. C'est qu'il se trouue autant d'Athenes, en
ce Royaume, qu'il y a de villes, ou gros bourgs
en toute la Chine : Puis qu'en chacun d'iceux il
y a Vniuersité formée, ou tous ceux du lieu sont
enseignez & examinez, sans que ceux de ceste
Vniuersité se meslent auecques ceux des autres.
Ce qui se faict auec tant d'integrité des examina-
teurs, qu'on donne plustost le iugement, & le
degré à la composition, & puis on ouure le nom

de l'Autheur, qui eſtoit cacheté. Et ce en outre
auec ſi grande facilité & eſpargne des eſtudians,
qu'au lieu de payer quelque choſe à l'Vniuerſité
on donne des pris aux deſpens du Roy ſelon les
merites du gradué: finalement tout y eſt ſi bien
ordōné, que pour paſſer tous ſes degrez & eſtre
Docteur en la Chine vn hōme en tout le temps
des eſtudes ne deſpendra pas plus d'vn, ou deux
eſcuz en liures. A raiſon dequoy pas vn ne laiſſe
d'eſtudier, & ne faict-on aucun eſtat de la maiſon qui n'a ſon eſtude & librairie, laquelle la
plus part ils ont és maiſons champeſtres, où ils ſe
retirent pluſieurs fois l'an pour eſtudier plus à
requoy. De là vient qu'on trouue icy des Lettrez ſans nombre: Ains on peut dire en verité,
que tous les Chinois ſont Lettrez: excepté ſeulement quelque petit nombre de marchands,
d'artiſans, de ſeruiteurs, & de laboureurs: Tous
leſquels neantmoins, iuſques au plus pauure, ap-
prennent du moins à lire, & à eſcrire. Or tout
cecy eſt de tres-grande importance, à ce que le
ſainct Euangile s'eſtende icy auec autāt de facilité, que de grād fruict. Car les eſprits ſont exercez
pour bien, & pleinement entendre les myſteres
de noſtre foy: & tous ſçachant lire, & eſcrire
peuuent apprendre d'eux-meſmes la doctrine
Chreſtienne, & en quelque part qu'ils ſoient
auoir auec eux des liures au lieu de predicateurs.

Sixieſmement, comme ils ont beaucoup de
lettres, ainſi ont-ils force loix & fort bónes pour
le gouuernement politique: Et ce qui plus im-

porte, l'obseruation d'icelle est tellement en vigueur, que si Platon reuenoit au monde il diroit sans faillir, que le modele de sa republique est mis en pratique en la Chine. Vn des principaux moyens pour le bon gouuernement, est de consulter les cas qui se presentent de plus d'importance auec les Lettrez plus braues du Royaume. Ce qui se faict imprimant à Paquin les propositions dont on doute, & les enuoyant de là par toutes les autres Prouinces. Ce faict le President de chacune d'icelles en aduertit toutes les villes en particulier, & chacune appelle à l'examen tous les Lettrez graduez, & faisant eslite de la fleur d'iceux l'enuoye à sa Metropolitaine, & capitale, où tous les Esleuz de toutes les villes de la Prouince se rassemblent. Là entrez en l'Vniuersité principale ils se mettent tous en mesme tẽps à escrire leur aduis sur les faicts proposez, & ce faict le President de la Prouince reuoit auec ses Asseseurs toutes les opinions, & choisissant les meilleures les imprime en vn liure sous le nom de sa Prouince : lequel apres il enuoye à la Cour de Paquin, où tous les liures enuoyez de chasque Prouince sont de rechef reueuz par le College des Lettrez, & le conseil Royal. En fin ils les lisent au Roy determinant ce qui se doit faire. D'où vient que tout ce qui s'arreste à Paquin, est receu de tout le Royaume les yeux fermez, comme chose venant du ciel. Or s'il est vray, cõme il est tres-veritable, que *Ibi salus, vbi multa consilia,* chacun peut penser, comment les Chinois s'asseurent és choses politiques, leurs couseillers estans d'vn rare esprit, & infinis presque en nombre, comme il se voit par les cathalogues imprimez. Et pour donner preuue de cecy, ie traicteray seulement de ceste Prouince de Canton, où ie me retrouue. Icy doncques pour la consultation prouinciale s'assemblent trois mille Lettrez dans leur ville capitale, lesquels sont la fleur & l'eslite de toutes les villes, & terres de la Prouince : auec tel ordre, que de mille on en choisit ores trente, ores quarante, & pour le plus cinquante. Prenant donc ce plus grand nóbre de cinquante, & les esleuz pour ce conseil prouincial estant trois mille, il s'ensuit de necessité, que tous les Lettrez & graduez de ceste Prouince reuiennent à soixante mille. Maintenant si en vne Prouince se trouuét soixante mille graduez, quel sera le nombre des Lettrez, qui n'ont point de degré ? Et si cecy est en vne Prouince, quel en sera le nombre, adioustant aux graduez ceux qui estudient en ces treize Prouinces auec les deux Cours souueraines ? A ceste merueille s'en adioinct vne autre non moindre, à sçauoir que tous ces Lettrez sont vnis & d'accord singulierement par ensemble, suyuans tous la doctrine d'vn seul maistre & Docteur, qu'ils ont appellé le Confus. Dont on infere combien les Chinois seroient vnis en vn mesme iugemét & volonté par le moyen d'vne foy, d'vn baptesme, & d'vn Dieu mesme.

En septiesme lieu, d'autant que l'oysiueté est l'origine de tous maux, & qu'elle seule est suffisante de ruiner quelconque Republique, cóme il est

il eſt eſcrit és ſainʦs liures, qu'il en print à ces
cinq Citez infames: De là vient que les Chinois
ſ'efforcent au poſſible de la bannir de leur Royaume. De ſorte, que tous ſont ſi bien occupez &
embeſongnez, que ie ne ſçaurois dire bonnement ſi le trauail des artiſans, & autres gens de
peine eſt plus grãd que celuy des Lettrez. Si que
dans la Chine ne ſe peut trouuer vne troiſieſme
bande qui ſoit compoſée de vagabonds. Il n'eſt
beſoin que ie declare les occupatiõs des artiſans
dans chaque ville; ie toucheray ſeulement de
quel eſguillon les Lettrez ſont eſueillez à eſtre
continuellement en l'exercice des lettres. C'eſt
que non ſeulement ils ſont examinez pluſieurs
fois, & à toute rigueur pluſtoſt que d'auoir leur
degré; mais encores apres l'auoir eu ils ſont tous
les ans ſouſmis à ce meſme examen. Et ſe trouuant qu'ils ont profité en ſçauoir, on les aduan-
ce à vn plus haut degré; comme auſſi au contrai-
re, ſi par diſgrace ils ont reculé, on leur dõne de
griefues penitences, les demettant par fois de
leur grade; tellement que ſoit pour ſe maintenir
en leur degré, ſoit pour paſſer à vn plus hault,
tous eſtudient touſiours, auec telle emulation &
obſtination, que pluſieurs en deuiennent heʨi-
ques, aux autres la veine ſe rompt, & on a veu
que quelques-vns ſont tombez morts quaſi ſou-
dainement dans la ſale meſme de l'examen. Et
certes ie ſuis eſmeu à compaſſion de voir icy vn
bon vieillard noſtre amy, lequel ayant ſes degrez
il y a quarante ans, ſe trauaille & ſe tuë à ſ'exercer
au ſtyle, & apprẽdre par cœur des liures de ſa ſa-

D

culté, non autrement que font parmy nous les petits enfans qui estudient en grammaire.

Pour vn huictiesme, ces gens sont alienez des nouueautez. Et partant comme ils sont fort fideles & obeyssans au Roy, ainsi sont-ils encores tenaces extremement de leurs traditions, & coustumes anciennes. Et sur tout à côseruer pure & en son entier la doctrine de leur Confus. De fait les interpretes rapportent les sentences du Confus, conferent les diuerses leçons, & content encores le nombre des paroles, auec telle primeur & diligêce que c'est merueille. Or combien ces façons de faire importent à ce que les heresies & schisme n'entrent aisément dans ceste Chrestienté, chacun le peut iuger bien tost.

Le neufiesme poinct sera, que non seulement les Chinois ont grand soin des choses exterieures, & de conseruer en paix leur Republique; Mais qu'ils font encores grand conte de l'interieur, ornant l'ame de vertus morales. Parquoy ils font plusieurs œuures pies, comme donner l'aumosne aux pauures, entretenir des hospitaux en toutes les villes & choses semblables. Ils tiennent pour chose saincte de mortifier & matter le corps, & de dompter par ce moyen encore les passions; & partant ils ont coustume de ieusner, quoy que d'vne façon bien differéte à la nostre. Car leur ieusne consiste à s'abstenir de chair, d'œufs, de laict, & de poisson; pour le reste ils mangent tout ce qu'il leur plaist, & si souuent qu'ils veulent. Par ainsi nous n'auons point de difficulté quât à cela, d'autant que quâd ils nous

conuient, c'eſt aſſez de leur dire comme on fe-
roit parmy les Chreſtiens, que nous ieuſnons. Ie
dis le meſme de noz ſacrifices, offices, oraiſons,
dequoy ils ſ'edifient grandement. Ils trouuent
fort bon ie n'auoir qu'vne femme, & font gråd
conte de la femme, qui viuant chaſtement en vi-
duité ne conuole à ſecondes nopces. Voire les
Mandarins leur dõnent des pris & pluſieurs pri-
uileges, cõme les Romains faiſoient iadis à leurs
vierges veſtales. En leurs liures on voit particulierement recommandé l'examen de ſoy-meſme
& de toutes ſes actions, ſpecialemét de celles qui
n'apparoiſſent point aux autres; pource que les
hommes ont couſtume d'eſtre plus negligens en
icelles, à faute d'auoir quelqu'vn qui les cenſure.
A ceſte cauſe ils loüent fort les retraictes que
quelques-vns font en leurs maiſons chåpeſtres,
& lieux ſolitaires, pour vaquer à la contéplation
de la lumiere & cognoiſſance naturelle, & pour
ſe reformer eux meſmes en ſe remettant vne fois
au premier eſtat auquel, comme ils diſent, ils furent créez du Ciel. C'eſt la cauſe pour laquelle
en ces quartiers florit vne congregation d'hommes Lettrez, leſquels fuyant les diſtractions de la
Cour, & les charges des gouuernemens, demeu-
rent en repos chez eux vaquans au ſuſdit exercice, & ſ'aſſemblant entr'eux font des conferences
à guiſe de ces anciens Peres du deſert.

Les femmes ne ſe laiſſent pas vaincre aux hõ-
mes en cecy. Car il y en a force qui ſe font Non-
nains à leur façon, & viuent enſemble és Mona-
ſteres, regies ſeulemét de l'Abbeſſe. Ie laiſſe à dire

que toutes les femmes de la Chine viuent auec
tant d'honnesteté, & si retirées chez elles, que si
elles estoient dans vn cloistre. Elles ont grand
soin d'honorer & d'aider les morts, quoy que ce
soit en vain. Entre toutes les vertus morales, des-
quelles les Chinois se glorifient plus, l'obeyssan-
ce au pere & à la mere tient le premier râg : & ils
disent qu'en iceluy gist la perfection de l'hôme.
Parquoy ils font pour eux choses extremes, spe-
cialement quand ils meurent : ils se reuestent do
dueil trois ans entiers, & ce temps pédant ils ne
se marient point, du moins auec solemnité ; ne
prennét point de degré, n'admettét nulles charges; ains s'ils sont en quelque office ils le quittét
soudain, ou qu'ils se trouuét, se retirans chez eux
pour faire leurs obseques. Finalemét à ce qu'aucun ne s'oublie de ce qu'il doit faire en ce renou-
uellement de soy-mesme, & pour ce qu'il y en a,
quoy que bien peu, qui ne sçauét pas lire, & afin
que les enfans puissét succer auec le laict les pre-
ceptes & reigles de bié viure, ils ont vn sommai-
re de six cômandemens, que tous doiuét garder,
pour estre publié & recommandé à visue voix, y
ayât pour cest effect des hômes gagez par toutes
les ruës des villes. Ce qu'ils font tous les quinze
iours, sçauoir est aux nouuelles & plaines Lunes ;
Et par ce moyé à mesme téps, à mesme iour, ains
à mesme heure, qui est bien peu deuant le Soleil
leué, par toute la Chine, quoy que si grande, en
toutes les villes, & par toutes les ruës la mesme
doctrine des six commandemens est publiée. Ce
sont ceux qui s'ensuyuent. Le premier, obeyr au

Pere & à la mere. Le secōd, reuerer les plus grāds
& les superieurs. Le troisiesme, mettre paix entre
les voisins. Le quatriesme, enseigner ses enfās &
nepueux. Le cinquiesme, faire bien chacun son
office. Le sixiesme, ne faire rien de mal, comme
tuer, paillarder, desrober, & autres choses, où ils
mettent presque tous nos commandemens de
la seconde table. Car le huictiesme, neufiesme,
& dixiesme se tirent aisément de leurs liures.

Finalement quant à ce, qui concerne la religion, & les commandemens de la premiere table, vniuersellement parlant, les Chinois sont
athées, principalement les Lettrez. Parquoy ils
se soucient peu, ou point, que leurs Pagodes
soient adorez, ou non; quoy que bon nombre
d'iceux aye ses Pagodets en sa maison, & que par
tout le Royaume force temples se voyent con-
sacrez à eux, où les Bonzes font le seruice. Or
comme ils sont athées, ils ne se soucient point
ny ne pensent aux choses de l'autre vie; ne dispu-
tans aucunement de l'immortalité de l'ame, ny
du guerdon, & supplice, qui l'attent vn iour selon ses œuures. Ce qui nous fait esmerueiller
beaucoup voyant, que personnages de tant de
iugement, bien versez aux lettres, & tant ama-
teurs de l'honnesteté soient si aueuglez en choses si claires, & importantes; comme sont, Qu'il
y aye vn seul Dieu Createur, & Gouuerneur de
l'vniuers; Que l'ame raisonnable soit immortel-
le; Et que par consequent elle doit estre recom-
pensée, ou punie selon ses merites, & choses
semblables; attendu mesmement, que ces veri-

tez peuuent estre aisément recueillies de leurs
liures, & des traditions antiques, & peintures,
qu'ils ont en plusieurs lieux du San-Pao (qui est
leur Dieu) des peines de l'enfer &c.

I'ay touché briéuement ces dix poincts, &
conditions, à fin que tout le mõde sçache, combien les Chinois s'approchent de la lumiere de
la raison, & comme ils sont bien disposez à ce,
que sur tels fondemens on puisse promptement
dresser l'edifice des commandemens, & conseils
Euangeliques. Et certes c'est vn grand contentement de voir, combien aisément ils se rendent à
la verité; & peut-on dire sans exaggeration, que
tous les Chinois non seulement ne resistét point
à nostre saincte foy, quand on la leur presche;
ains qu'ils l'approuuent encore beaucoup, voire, qui plus importe, desirent, & demandent d'e-
stre enseignez.

I'aurois beaucoup à dire touchant cecy: mais
ie l'obmets par briéueté, content de mettre seulement quelque exemples, qui monstreront le
concept, que les Chinois formét de nos choses.

Le Tauly, qui est comme President de deux
villes, à sçauoir de ceste-cy & de Nanhiun, vint
vn iour visiter ce logis, & voyant vne Image du
Sauueur demanda, de qui elle estoit. Luy estant
respondu, que c'estoit du Schauti, (ainsi nom-
ment-ils Dieu en leur langue, & vaut autant à dire, que Roy souuerain, lequel tout homme doit
recognoistre sur peine de tres-grand peché) Le
Tauly repliqua où c'estoit que cela se traictoit.
Car il n'en auoit iamais rien leu, ny entendu. Et

luy estant dict que cela se traictoit en nostre loy,
il demanda soudain, que nous la luy monstrai-
sions : mais oyant qu'elle n'estoit encore tradui-
cte en langue Chinoise, il monstra d'en estre fort
marry, nous exhortant de la tourner au plustost,
& qu'il viendroit lors nous en demander vn
exemplaire. Tandis que le P. Lazare Catanée
estoit icy, vn Mandarin d'vne autre ville, qui
auoit ouy le bon bruit des Nostres, vint auec de
ses parens pour s'informer de la doctrine, que
nous preschions : Et pour autát qu'il estoit tard
quand il vint, il ne peut estre pour lors entiere-
ment satisfaict. Parquoy le lendemain il reuint à
bonne heure pour acheuer d'entendre, comme
il pensoit, tout le reste de nostre loy. Or le Pere
luy declarant certains points, il demanda du pa-
pier, & de l'ancre pour les notter. Ce que ne se
pouuant commodément faire, il le pria de luy
donner son nom & surnom par escrit en Chinois : Pource qu'il vouloit se ressouuenir de luy,
& se resoluoit de reuenir le voir à meilleure có-
modité. Vne autre fois, comme le P. Ricchi traictoit auec Thaïso cy-dessus mentionné, il luy ra-
cóta quelque exemple de nos saincts, qui auoiét
laissé parens, amis, possessiós, & Royaumes pour
seruir à nostre Seigneur. Ce n'est pas grand cas,
luy dit Thaïso, de faire cecy & beaucoup plus, à
qui attend en l'autre vie vne telle beatitude, que
vostre loy promet. Quant à nous iusqu'à present
nous ne nous sommes pas mis à faire tels essais,
pour ce que nous n'auiós point de loy, qui nous
promit aucune recompense.

En la ville de Nanchian il y a vn Lettré de grande authorité, qui eſt ſuperieur, & maiſtre d'vne congregation de ceux, qui vacquent à la reformation d'eux-meſmes, & à plus de trois ces diſciples. Ceſtuy-cy traictant auec le P. Ricchi, lors qu'il alla donner commencement à ceſte Reſidence, & entendant les difficultez, que le P. trouuoit en ceſt affaire; il taſcha de le conſoler, & luy donner courage, diſant. Il faut, Monſieur, que vous preniez cœur : vous auez à endurer beaucoup; voſtre nom eſt par tout fort celebre, & venant icy pour vne fin ſi noble, que de preſcher voſtre haute loy, il faut de neceſſité, que pluſieurs difficultez, & contradictions vous trauerſent: ſçachez que cela meſme eſt arriué à toutes les autres ſectes, lors qu'elles ſ'introduiſirent en la Chine : Mais auec le temps & la patience tout ſe facilita & vainquit peu à peu. Ce fut le conſeil de ce bon homme, qui monſtra, combien hautement il ſentoit de noſtre ſaincte loy, là iugeant meſme telle, qu'en fin on l'embraſſeroit en la Chine.

Vn autre Mandarin tenu pour fort prudent, & graue, apres auoir ouy le ſommaire de la loy Chreſtienne, ne douta point de dire, que ſi le Confus eſtoit viuant, il auroit ſans faute ſuiuy & embraſſé ceſte doctrine. Ce qui eſt la plus grande loüange, que les Chinois puiſſent donner à l'Euangile, attendu qu'ils tiennent le Confus en tel rang & opinion, que nous S. Iean Baptiſte. Tels & ſemblables rencontres ſe font en la Chine pour le Chriſtianiſme, & ce non en vn, ou

deux

deux lieux, mais en plusieurs, & diuers endroits de ce Royaume. Nous auons faict le conte, qu'il y a des Mandarins en plus de dix Prouinces, qui cognoissent, & ayment nos Peres. Nous n'auons point encore sçeu, que les Mandarins des autres cinq Prouinces cognoissoient nostre Compagnie; mais il est bien probable, que les Nostres leur soient cogneus, à cause qu'ils vont à tour gouuernant ores ceste Prouince, ores ceste autre. Et à fin qu'on voye que ceste familiarité, & affection ne consiste pas seulement en paroles, plusieurs des susdicts Mandarins nous conuient à demeurer en leurs terres; de façon qu'on pourroit maintenant faire vn bon nombre de Residenses en diuerses Prouinces.

Icy ie viens à penser, que quelques-vns m'estimeront hyperbolique, & que ie dis de la Chine, non ce qui est, mais ce que ie desire estre, m'opposant les mauuais traictemens, qu'on fit icy aux Nostres les années passées. A quoy ie respons, qu'il est bien vray, que la chose passa ainsi, comme on l'escriuit lors, voire que les difficultez y furent plus grandes, qu'on ne le peut exprimer par lettre. Mais quelle meilleure nouuelle pourroit-on donner aux Predicateurs de Iesus-Christ crucifié, que d'auoir les Croix apprestées? A fin toutesfois, que ceste nation ne demeure point tachée de ce preiugé contre sa conuersion, ie dis, que tout cela aduint lors, que les Nostres alloient en habit de Bonzes; Là où depuis ayant chargé l'accoustrement des Lettrez, les choses par la grace de Dieu vont autre train, comme nous auons dict. Faict en oultre à considerer le lieu où ces contradictions aduindrent, qui fut en Schiangin premierement & apres en Schiauché, toutes deux villes de la Prouince de Canton, qui est à comparaison des autres plus au dedans, fort rustique & sauuage. Parquoy les Mandarins, qui passent par icy, nous conuiant à leurs terres, rendent ceste raison entre autres, qu'ils ne peuuent souffrir, que nous soyons parmy des Mangins, c'est à dire hommes sauuages & Barbares. Et que si nous voulons voir la police, & splendeur de la Chine, il faut laisser l'escorce de ceste Prouince de la liziere, & passer iusques à la moüelle du Royaume. Thaïso nous conseille le mesme, comme on peut voir en sa lettre au Pere Ricchi, que nous auons rapporté cy-dessus. Que si quelque autre veut dire, que ie suis trop credule, & me laisse tromper au beau semblant, & apparence exterieure des Chinois, n'ayant mesmement traicté auec ce peuple que peu de temps, ie respons que ie ne pretends point de faire les Chinois Chrestiens, plustost qu'il ne sçachent, qu'il y a vn Dieu: mais i'entéds seulement de monstrer leur bonne disposition à suiure la foy Chrestienne. Et quoy qu'ils approuuassent ce que nous disons, ou faisons, par vne ie ne sçay quelle ciuilité, & honnesteté, ou bien par curiosité, voire encores pour quelque interest propre, ce ne seroit pas grand merueille, eux estans encores Payens. Quant à nous cecy doit suffire, mesme à ce commencement, qu'ils trouuent bon ce que nous leur disons. Que, dis-ie,

qu'ils le trouuent bon? C'est bien assez, qu'ils y
oüurent l'oreille, & ne contredisent point, ny
nous chassent de la Chine. Car on doit esperer,
qu'oyant ainsi la parole de Dieu, quelque petit
grain sera tousiours pour cheoir en bonne terre.
Et pour satisfaire plus amplement à l'obiect sus-
dict, il suffira de dire, que les choses vont ainsi,
que nous les ayons escriptes. Ce qu'estant, s'il se
peut dire, que la Chine parlant humainement,
est fort preste de receuoir le sainct Euangile, ou
non, tout bon iugement en iugera, & me dira où
c'est, qu'on lit d'autre nation, qu'elle aye tant de
belles qualitez tout ensemble, comme à la Chine
pour cest effect.

Il me semble bien donc, qu'on comprend assez de tout ce qui s'est dict, combien est dispo-
sé ce Royaume pour se conuertir à la religion
Chrestienne. Mais où sont maintenans les ouuriers, qu'vne moisson si abondante, & ample re-
cherche? Il n'y a point eu icy iusques à present,
que trois des Nostres; lesquels apres auoir bien
profité en la langue, ont esté enleuez par diuerses voyes. Car le P. François Pasi, & le P. Duarte
de Sando furent mis hors la Chine par le commandement du Tutan. Le P. Anthoine Dalmei-
de auec le Père François de Pierre, comme l'vn
succeda à l'autre en la charge, ainsi l'vn apres l'autre passa à vne meilleure vie. Le seul P. Ricchi
est tousiours demeuré, & demeure par la grace de Dieu, comme vne colomne tres-ferme
de ceste mission, quoy que non sans peine ex-
cessiue. Et vne des choses qui a plus affligé ce bō

Pere, a efté de voir, que durant tant d'années il
il ne s'eft peu iamais employer à bon efcient à
la conuerfion de ce peuple, fe trouuant touf-
iours empefché à dreffer au langage quelque
compagnon, qui le puiffe aider en cefte charge:
De forte qu'on n'a peu faire rien plus en ce
Royaume iufques à prefent, que d'entretenir
noftre Compagnie. Maintenant par la bonté de
Dieu nous fommes fept des Noftres, & en tel
credit, qu'auons monftré. Mais qu'eft tout cecy
pour vn fi grand, & fi peuplé Royaume? Et fi du
Iappon, où il y a cent & tant des Noftres, auec
force ieuneffe des feminaires tres-prefte à tra-
uailler aux conuerfions, on demáde neantmoins
des nouueaux ouuriers; que deuons nous autres
faire, en la Chine, qui eft plus grande, que le Iapon autant de fois, qu'on fçait en Europe? Vo-
ftre Paternité doncques, qui a cefte entreprife
tant à cœur, recognoift bien, quelle neceffité il y
a en cecy, & quel en eft auffi le remede, fçauoir
eft d'enuoyer d'Europe force des Noftres, qui
ayent finy leurs eftudes, & foient forts & robu-
ftes. Ie dis d'Europe, pourautant, que ceux qui
s'efleuent aux Indes, font à peine fuffifans pour
icelles, & pour les entreprinfes, qu'on y va tous
les iours commençant. I'ay dit auffi, qu'ils euf-
fent finy leurs eftudes, pource qu'il eft necef-
faire, qu'ils puiffent faire des liures, ou du moins
les traduire en langage Chinois, ceftuy-cy eftant
le vray moyen de combattre & foufmettre à la
verité cefte nation. I'ay dit encore de plus, qu'ils
fuffent forts, & gaillards, d'autát qu'on a befoing

quaſi d'vn autre aage pour ſe rédre bon ouurier
en ceſte langue. Car il ne ſuffit pas d'apprendre
la langue cómune, comme on fait traictant auec
les autres Gentils ; Mais il eſt encore neceſſai-
re d'eſtudier leurs ſciences ; A quoy ſont requi-
ſes bonnes forces, & vn grand eſtude, pour
autant que leur langue eſt vne des plus diffi-
ciles, qui ſe trouuent ; & ce pour trois qualitez, qu'elle a. La premiere, que toute ſes dictions
ſont monoſyllabes ; ce qui nous donne tres-
grande peine ; d'autant que l'oraiſon en eſt ainſi mince, & entrecouppée. La ſeconde, qu'elle eſt fort equiuoque, vne parole ſignifiant pluſieurs, & diuerſes choſes ; & ne ſe diſtinguant
que par certains accents, ou pluſtoſt tons muſi-
caux. Ce qui demande vne oreille fort delicate
& vne prononciation fort claire, & diſtincte.
Autrement ſuruiennent à chaſque pas dix mille
tragedies, ainſi qu'arriua à vn des Noſtres, lequel
voulant prouuer aux Chinois, qu'il y auoit en
Europe des nauires ſi haults, & capables, qu'v-
ne tour ; donnoit au mot, qui ſignifie *Nauire*,
l'accent de celuy : qui ſignifie *vne brique*. Choſe,
que les Chinois à bonne raiſon ne pouuoient
croire en façon quelconque argumentant, combien grande deuoit eſtre la fournaiſe, qui pouuoit cuire vne bricque ſi monſtrueuſe ; à quoy on
ſ'en pouuoit ſeruir, &c. Ceſt equiuoque, & di-
uerſité de tons trauaille les Chinois meſme, de
ſorte qu'ils ne ſ'entendét pas entre eux. Parquoy
pour euiter toute ambiguité, ils redoublét deux
ou trois paroles, comme ſynonymes d'vne meſ-

me chose:& par fois s'expliquét par les Antithe-
tes, & contrepositions: Mais pour le plus citant
quelque sentence des liures, où soit la parole,
dont on doubte. La troisiesme condition est n'a-
uoir alphabet, ou nombre certain de lettres. Car
chasque chose à sa lettre, ou pour mieux dire sa
figure, & hieroglyfique; De sorte qu'il est necessaire d'apprédre toute sa vie de nouueaux alpha-
bets à chasque iour. A ce trauail de langage s'ad-
ioint vn autre de l'estude de leurs sciences, lequel ne doit, ny ne peut estre euité des Nostres.
Premierement pour ce que les Lettrez traictent
entr'eux ordinairement auec termes, & phrases
des liures beaucoup diuerses du parler commun
& vulgaire: tellement que les Chinois idiots ne
les peuuent entendre & la plus grand part estant
des Lettrez, qui sont chefs & guides des autres,
il faut que les Nostres traictent auec eux en leur
langue. Dauantage les Chinois ne choisissent
pour maistres, que ceux ausquels toute leur vie
ils peuuent auec honneur s'assubiectir: & n'est
estimé sage, qui ne professe leur faculté. Dont il
est necessaire, que les Nostres les estudient. Finalement il est besoing de prendre ceste peine
pour refuter leurs erreurs auec leurs armes pro-
pres, entant qu'on les trouue à propos: comme
aussi pour apprendre le style de la composition,
ou traduction des liures en langue Chinoise.
Que personne pourtant ne perde cœur, esti-
mant peut-estre impossible de pouuoir auoir
entrée à ceste langue. Car le pere des misericor-
des, & Dieu de toute consolation, comme il ex-

cite les esprits à aider ces Gentils, ainsi il conforte, & console ceux qui le seruent en cela, & leur facilite toutes choses difficulteuses. A present nommement que nous auons l'assistance de ces freres Chinois, & vne version du Suschiu liure plus important des Chinois, que le Pere Ricchi mit en latin auec la plus part du Calepin Europpée-Chinois. De sorte, qu'estât en santé, & estudiant diligemment on peut en quatre ans paracheuer ses estudes, arriuant à tel poinct que de pouuoir traicter promptemét de toutes choses. Ce que ie puis asseurer pour l'experiéce que i'en ay de moy-mesme. Car n'ayant esté icy qu'enuiron dix mois, ie puis par la grace de Dieu subuenir, en cas de necessité, à vne confession sans interprete.

Outre plusieurs, & bons ouuriers on auroit besoing d'vne bonne prouision de liures. Car ayant à traicter auec gens de lettres, & nous faisant profession d'estre tels, on voit assez combien cela est necessaire, mesmement en ce temps que les Chinois ont vn grand concept des Nostres, sçauoir est comme de Tangins, qui signifie des Predicateurs de la loy, & reformateurs de l'esprit. Quant à la qualité des liures, V. P. peut bien iuger, quels seront bons, soit pour l'ayde & consolation des Nostres, soit pour faire voir aux Chinois, quel genre de liures & de science florissent en Europe, comme la verité de nostre saincte foy y est bien fondée. Particulierement la Bible du Roy à plusieurs langues seroit fort à propos, & signammét

ſi elle eſtoit bien, & curieuſement reliée. Car ces
Payens ne priſent les choſes, que ſelon l'orne-
ment exterieur d'icelles. On pourroit l'accompagner d'vn texte du Canõ bien couuert, des Peres anciens, & particulieremét des dix Docteurs
de l'Egliſe ; pour ce que les Chinois ſ'eſtonnent,
quand ils entendent, qu'en Europe y a tant de
Docteurs : conſideré qu'ils n'en ont tous qu'vn
ſeul, nommé le Confus. I'en dis autant de quelques Theologiens Scholaſtiques, & Poſitifs ;
& de quelques Philoſophes tant ſpeculatifs,
que moraux. Ie voy bien, qu'en peu de paroles ie demande beaucoup ; mais i'y ſuis con-
trainct d'vn coſté par la neceſſité, que nous a-
uons de tout cecy : & de l'autre la pieté & li-
beralité de ces Seigneurs d'Europe, ſpeciale-
ment de Rome, faict que ie me confie, qu'ils ne
nous manquerõt en vne choſe tát importáte à la
gloire de Dieu noſtre Seigneur, & à la promul-
gation de ſon ſainct nom, en ce tres-noble &
fleuriſſant Royaume.

Nous auons auſſi beſoin d'Images pour pouuoir aider auec icelles, & conſoler les noueaux
Chreſtiens. Et par ce nous fiant de la méſme pieté, & ſainct zele des Seigneurs de delà, les ſup-
plions humblement, qu'ils vueillent cooperer à
la conuerſion de ces ames, nous enuoyant quelques Images tant paintes, qu'imprimées. Entre
toutes ſeroient à ces commençemés fort à propos celles du Sauueur & de la benoiſte Vierge,
à laquelle tous les Chinois, quoy que Gentils,
ont grande deuotion, & font tres-humble
reuerence,

reuerence , battant de la teste en terre en l'appellant *schim mu nian nian* , C'est à dire , *sainĉte mere & Royne des Roynes*. Et de plus ce seroit vn bien & consolation singuliere d'auoir deux de ces liures, que fit le P. Ierosme Natal, à fin que quand les Mandarins viennent tirez par le bruit & renom des Europeans , nous puissions leur monstrer chose qui nous dóne soudain occasion de semer, ce que ceste mission porte. Et pour ayder les idiots & plus simples, il seruiroit beaucoup d'auoir quelques petits liurets grossiers , & de douzaine, les figures desquels representassent les mysteres de la foy , les commandemens, les pechez mortels, & les Sacremens. Car tout cecy se tiét par deçà pour tres-artificieux & subtil, à cause de ses ombrages, que les peintures Chinoises n'ont point. Parquoy ces iours passez vn de ces Gouuerneurs vint icy; & voyát vn petit liuret des mysteres de la vie du Sauueur, il en demeura tout rauy , & vouloit en fin que ie luy en fisse vn present. Mais iugeant peu conuenable de le mettre en main d'vn Payen, ie m'excusay, disant que c'estoit le liure de nostre Tau, c'est à dire de nostre Loy, dont ie ne me pouuois priuer. Et repliquant que i'auois raison, m'en demanda vn autre, qui ne fust pas tant necessaire. Ainsi ie luy presenté les fables d'Esope figurées, qu'il reçeut auec les deux mains en m'en remerciant, comme si ç'eust esté le plus subtil ouurage qui sortit onc de Flandres.

C'estoient les trois choses qui se presentoient maintenant pour estre proposées à V. P. comme

fort neceſſaires à ayder ceſte Chreſtienté, ſçauoir
eſt ouuriers, liures & images. Plaiſe à Dieu noſtre Seigneur d'ouurir les moyens & expediens
à V. P. de pouuoir ſatisfaire en tout cecy, & à
ſon zele, & à noſtre beſoin. Ce pendant nous
irons trauaillant à forger les armes de ceſte langue, & apres vn Catechiſme pour le mettre en
lumiere, lequel fut premierement compoſé par
le P. Ricchi, & puis reueu & perfectionné par
le P. Viſiteur, & autres de Macao. Nous eſperons en la bonté de Dieu qu'il ſera pour apporter grande lumiere à ce peuple, leur faiſant voir
clairement combien leur doctrine eſt manque à
comparaiſon de la noſtre. Les Chreſtiens qu'on
a faict iuſqu'à maintenant, donnent commencement de preuue que le Chriſtianiſme eſt pour
merueilleuſement bien reüſſir en la Chine; quãd
auec la grace de Dieu les noſtres commencerõt
à courir çà & là publiquement, & à preſcher
meſmes és places. Ce qui ne ſ'eſt faict iuſqu'à
preſent, pource que lors que les noſtres le pouuoient faire, ayant deſia la langue aſſez à commandement, ils nous furent oſtez, comme auõs
dict: Et ceux qui ſont icy auec moy, horſmis le
P. Ricchi, & deux freres Chinois, ſont encores
nouueaux en ce pays. Pource auſſi que nous iugeons eſtre meilleur de commencer par le Roy
meſme, ainſi que noſtre benoiſt P. François
Xauier de bonne memoire auoit deſſeigné. Ce
que tandis qu'on attendoit, il ſembla bon de ne
preſcher auec plaine liberté de peur que ces Mãdarins ne ſoupçonnaſſent qu'il ſe tramaſt en ce

Royaume quelque reuolution, & trouble d'où
vint la perte & ruyne entiere de ceste missió. Et à
la verité, comme nous le touchiós maintenát au
doigt, les Nostres ne se trómperent point attédant
ainsi auec patience & longanimité le temps de-
terminé au conseil priué de Dieu pour la cóuer-
sion de ce peuple, puis qu'ils sont venus par ce
moyen à se faire cognoistre, & acquerant ce bon
bruit sont arriuez au poinct & estat qu'auons escrit. En fin c'est à present que nous y pensant le
moins, par le moyen d'vn grand Mandarin s'est
ouuert le chemin desiré des Nostres par tant
d'années de pouuoir s'acheminer à la Cour de
Paquin ; pour traicter auec le Roy, du subiect
pour lequel nous sommes icy. Par ainsi le mois
de Iuillet passé le P. Ricchi, le P. Catanée auec
Sebastien Fernandez partirét pour y aller. Nous
auons ja sçeu qu'ils estoient arriuez à la Cour de
Nanquin; dont ils estoient pour passer à celle de
Paquin. Nous n'auons sçeu encores ce qui en
est ; mais de ce voyage vers Paquin le P. Ricchi
en escrit au P. Recteur de Machao, lequel sans
faute informera plainement de tout V. P. Parquoy ie feray fin en inuoquant humblemét l'in-
tercession de toute la Cour celeste, & particulierement de la B. Vierge, des glorieux Apostres S.
Pierre & sainct Paul, & de tous les Anges prote-
cteurs & gardiens de la Chine; afin que deuant
le Throsne de la tres-saincte Trinité ils nous im-
petrent vn bon commencement, meilleur pro-
grez, & tres-bonne fin de ceste entreprinse tant
importante; & à ce que reüssissant comme par la

bonté de Dieu nous esperons à la gloire de son sainct Nom, & augmentation de la saincte Eglise Catholique, toute creature dise, *Sedenti in Throne, & Agno, benedictio, & honor, & gloria, & potéstas in secula seculorum. Amen.* Ie me recommande bien fort aux saincts sacrifices, oraisons, & benedictions de V.P. de Schiauché, Ce 18. Octobre 1598.

De V.P.

Seruiteur & fils en nostre Seigneur,
NICOLO LONGOBARDI.

ADDITIONS POVR L'INTELLI-
gence de la lettre de Thaiso.

I

THAISO FRERE PLVS IEVNE)
C'est autant que dire, le tel, & de ce respect ils
vsent traittant auec leurs esgaux,
ou Superieur.

2   Qui me tiens à costé) *Se tenir à costé est en la*
Chine de l'enfant au Pere, du Disciple au Maistre, &c.
Ceremonie qu'ils gardent en se seant, non comme entre
nous estant les deux au pair en ligne droicte; mais la
droicte de l'vn respondant à la gauche de l'autre, en sorte
qu'ils viennent à faire vn angle droict.

3   I'ay veu Siquiamo) *C'est vn Mandarin de la ville*
de Nanchian, qui auoit là mesme traicté auec le Pere Ric-
chi vn peu auparauant.

4   Du Pimpu de Nanchin) *C'est le President du*
conseil de guerre, qui a charge de toute la milice Chi-
noise.

5   Mon pays) *Il s'appelle Sucée, & resortit à la Cour*
de Nanchin; laquelle il dit estre pleine de mille meslan-
ges, pour la grande multitude & varieté d'habitans, qui
y sont de toutes prouinces, conditions, degrez, &c.

6   L'examen de Quiugini) *Grade ainsi appellé, &*
qui se donne aux Lettrez en la Chine.

7   Le Mandarin Hanlin) *Il est du College des Lettrez*
& du conseil Royal de Paquin.

8   Sur ce qu'il luy proposa du point) *Ceste dispute*
fust auec le Pere Lazare Casanée, qui estoit demeuré en

schiaucheo estant le Pere Ricchi à Nanchin.

9   Fust si pres, que Nanchian) *De Nanchian à su-chèe pays de Thaise il y a dix iournées, & de Schiaucheo trente ou enuiron.*

10   Le fist voir au College des Lettrez) *Ceux-cy sont encores du Conseil Royal de la cour de Paquin.*

11   Et le Schingin) *C'est le plus grand tiltre qui se puisse donner à un homme en la Chine, & signifie un qui naist sainct, & sçauant en perfection, qui peut estre maistre de tous, comme fut leur Confus. Ils tiennent que chaque cinq cens ans doit naistre un Schingin, & main-tenant ils donnent ce nom au Pere Ricchi.*

12   Et du regne de Vanlie) *C'est le nom du Roy d'a-present, qui commença à regner à l'aage de seize ans, & en a regné vingt & cinq.*

F I N.

L'IMPRIMEVR AV LECTEVR, SALVT.

AMY; Ma presse estant empressée d'ailleurs, ne t'a peu maintenant donner en compagnie de ceste-cy, les deux autres, que i'ay de mesme trame, qui ne cedent en rien à leur sœur: l'vne est du Iapon, l'autre de Mogor; & toutes deux d'edification grande, & de plaisir. Tu les verras au premier iour, si ie sens que la presente t'agrée.

A DIEV.